Impressum
Verlag: BABADADA GmbH, Nedderfeld 112 , 22529 Hamburg
Geschäftsführer / Verlagsleitung: Harald Hof
Druck: Books on Demand GmbH, In de Tarpen 42, 22848 Norderstedt

Imprint
Publisher: BABADADA GmbH, Nedderfeld 112 , 22529 Hamburg, Germany
Managing Director / Publishing direction: Harald Hof
Print: Books on Demand GmbH, In de Tarpen 42, 22848 Norderstedt, Germany

școală

sekolah

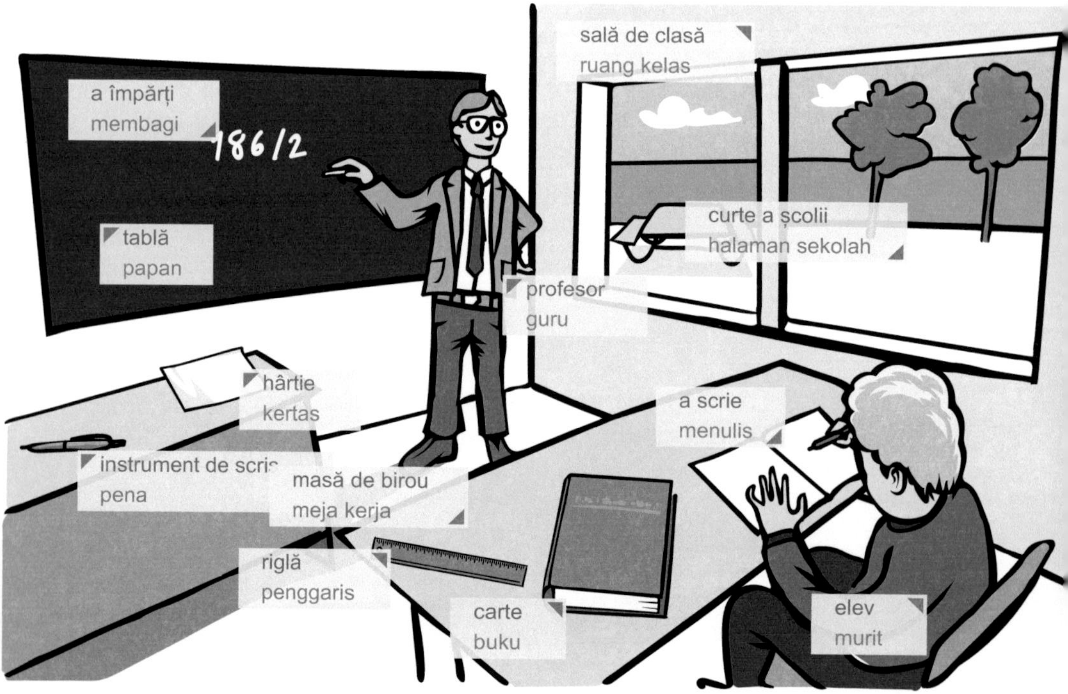

sală de clasă
ruang kelas
a împărți
membagi
186/2
tablă
papan
curte a școlii
halaman sekolah
profesor
guru
hârtie
kertas
a scrie
menulis
instrument de scri
pena
masă de birou
meja kerja
riglă
penggaris
carte
buku
elev
murit

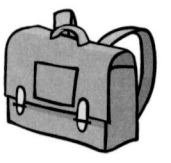

ghiozdan

tas sekolah

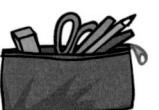

penar

tempat pensil

creion

pensil

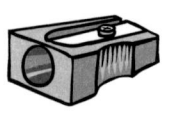

ascuțitoare

pengasah pensil

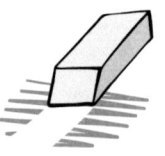

radieră

penghapus

bloc de desen

kertas gambar

desen

gambar

pensulă

kuas

cutie de acuarele

kotak cat

foarfece

gunting

lipici

lem

caiet de exerciţii

buku latihan

temă

pekerjaan rumah

număr

angka

2+2

a aduna

tambhakan

5-2

a scădea

mengurangi

2×2

a multiplica

mengalikan

a calcula

menghitung

literă

huruf

ABCDEFG
HIJKLMN
OPQRSTU
VWXYZ

alfabet

alfabet

hello

cuvânt

kata

text

teks

a citi

membaca

cretă

kapur

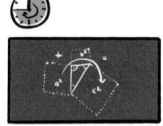

oră

pelajaran

catalog

daftar

examen

ujian

certificat

sertifikat

uniformă școlară

seragam sekolah

educație

pendidikan

enciclopedie

ensiklopedi

universitate

universitas

microscop

mikroskop

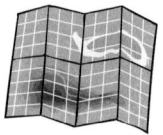

hartă

peta

coș de gunoi

tempat sampah

4

călătorie

perjalanan

Grand
hotel
hotel
hostel
hostel
ROOMS
casă de schimb valutar
kantor pertukaran mata uang
valiză
koper
autovehicul
mobil

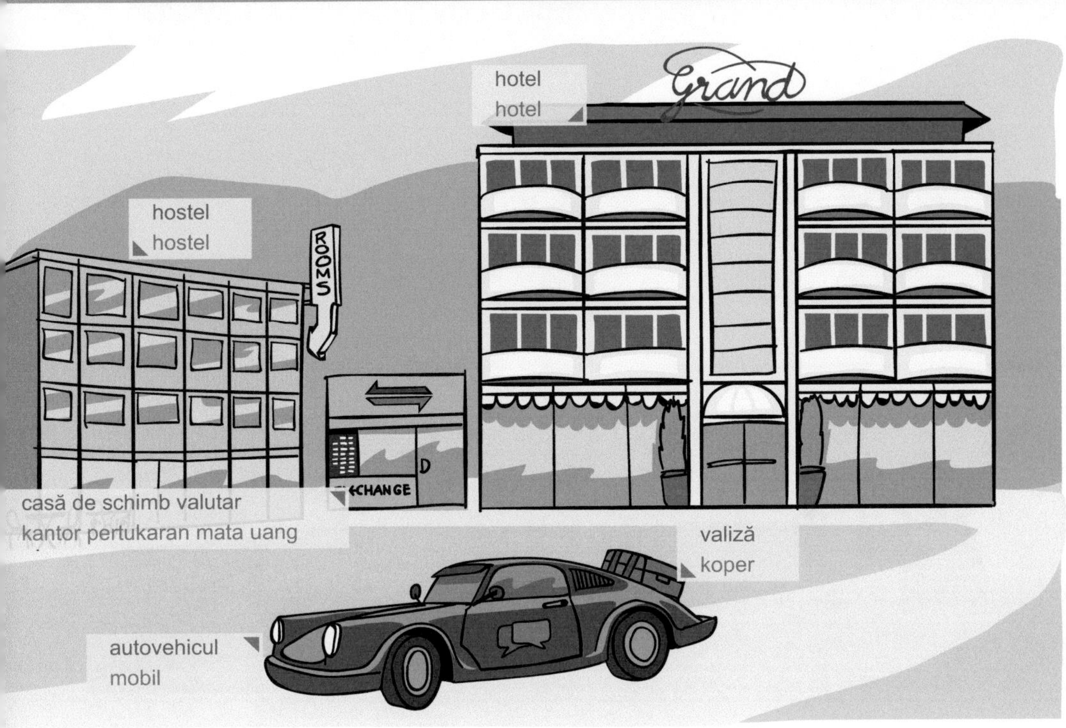

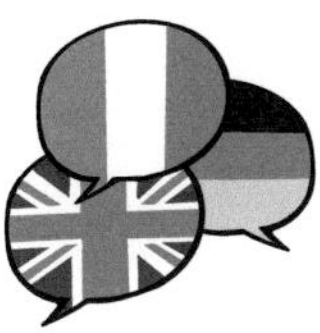

limbă

bahasa

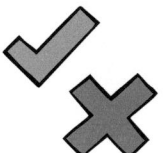

da/nu

ya / tidak

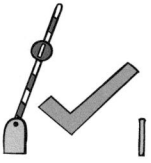

okay

okay

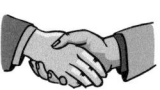

Bună!

hallo

interpret

penerjemah

mulțumesc

terima kasih

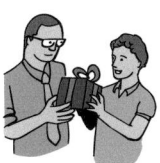

Cât costă…?

Berapa harganya…?

Nu înțeleg

saya tidak mengerti

problemă

masalah

Bună seara!

Selamat malam!

Bună dimineața!

Selamat siang!

Noapte bună!

Selamat tidur!

la revedere

sampai jumpa

direcție

arah

bagaj

bagasi

geantă

tas

rucsac

ransel

oaspete

tamu

cameră

ruang

sac de dormit

kantong tidur

cort

tenda

punct de informare turistică

informasi wisata

plajă

pantai

carte de credit

kartu kredit

mic dejun

sarapan

masa de prânz

makan siang

cină

makan malam

bilet de călătorie

tiket

lift

elevator

timbru poştal

perangko

graniţă

perbatasan

vamă

cukai

ambasadă

kedutaan

viză

visa

paşaport

paspor

transport
transportasi

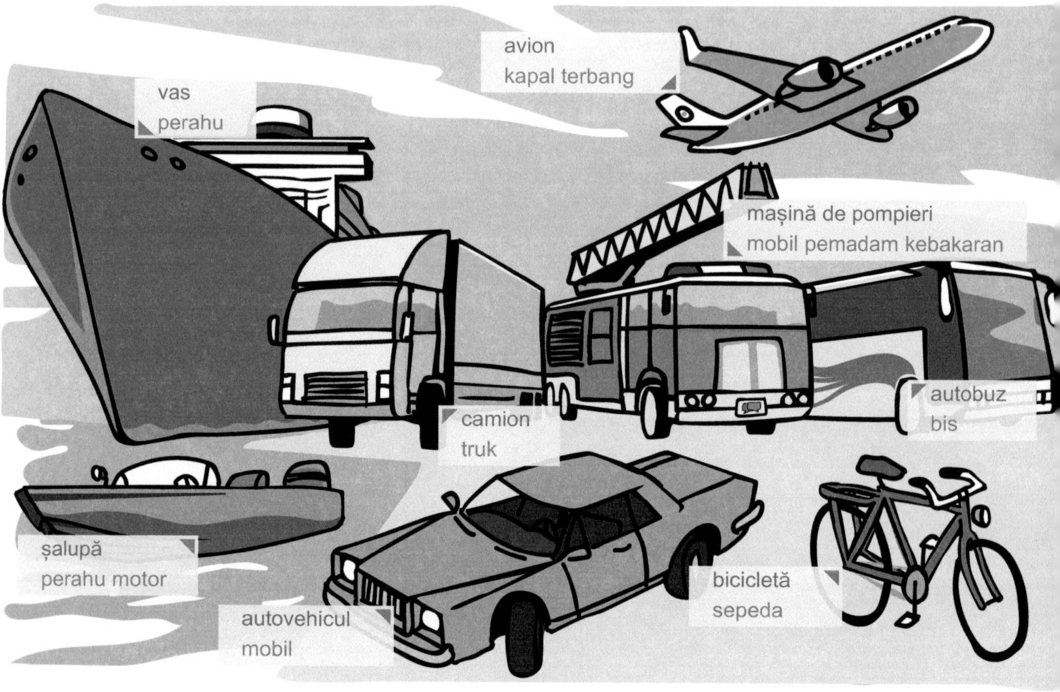

avion
kapal terbang
vas
perahu
mașină de pompieri
mobil pemadam kebakaran
camion
truk
autobuz
bis
șalupă
perahu motor
bicicletă
sepeda
autovehicul
mobil

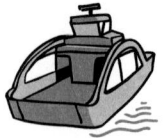

feribot
feri

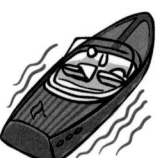

barcă
perahu

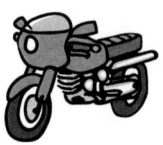

motocicletă
sepeda motor

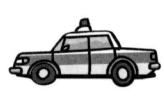

mașină de poliție
mobil polisi

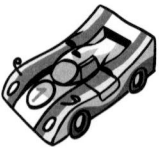

mașină de curse
mobil balapan

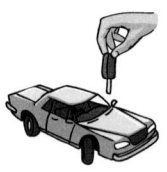

mașină închiriată
mobil sewa

car sharing

berbagi mobil

maşină de tractat

truk derek

maşină de gunoi

truk sampah

motor

motor

combustibil

bahan bakar

benzinărie

bensin

semn de circulaţie

tanda lalulintas

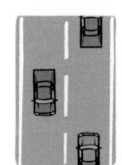

trafic

lalulintas

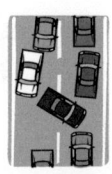

ambuteiaj

macet

parcare

parkir mobil

gară

stasiun kereta

şine

trek

tren

kereta api

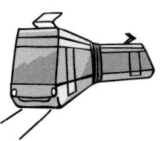

tramvai

tram

vagon

gerobak

elicopter

helikopter

aeroport

bendara

turn

menara

pasager

penumpang

container

container

carton

karton

căruță

troli

coș

keranjang

a decola/a ateriza

berangkat / mendarat

oraș
kota

sat

desa

centru

pusat kota

casă

rumah

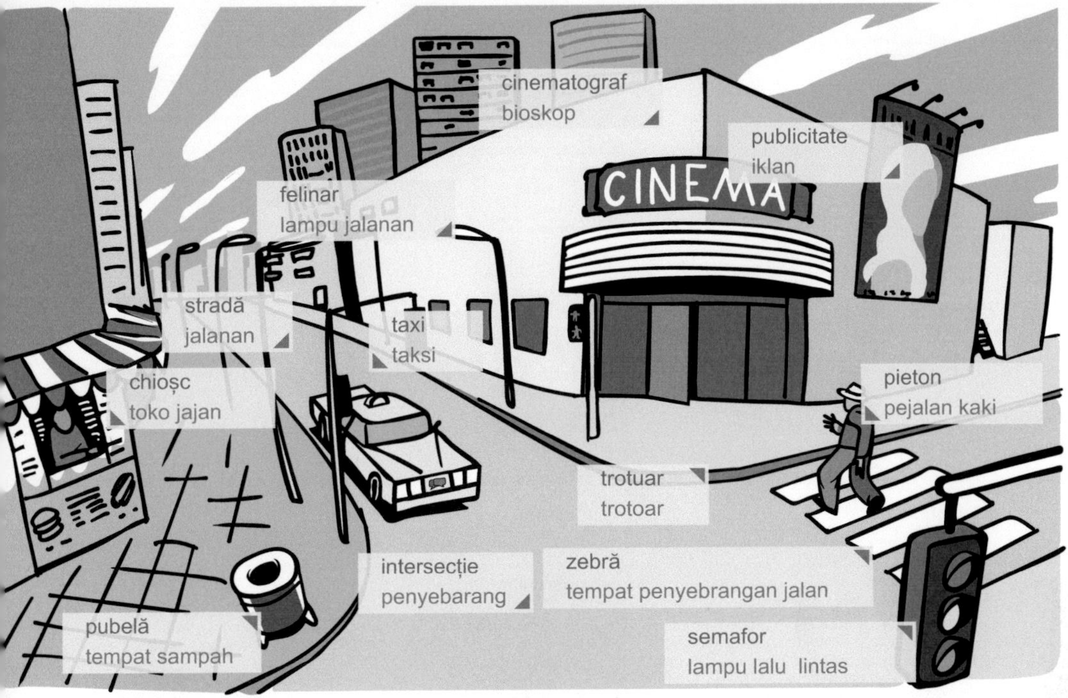

cinematograf
bioskop
publicitate
iklan
CINEMA
felinar
lampu jalanan
stradă
jalanan
taxi
taksi
chioșc
toko jajan
pieton
pejalan kaki
trotuar
trotoar
intersecție
penyebarang
zebră
tempat penyebrangan jalan
pubelă
tempat sampah
semafor
lampu lalu lintas

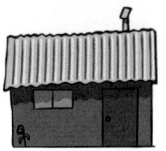

cabană

gubuk

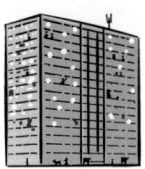

apartament

rumah flat

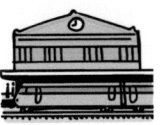

gară

stasiun kereta

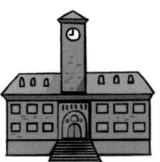

primărie

balai kota

MUSEUM

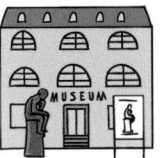

muzeu

museum

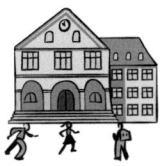

școală

sekolah

universitate

universitas

bancă

bank

spital

rumah sakit

hotel

hotel

farmacie

farmasi

birou

kantor

librărie

toko buku

magazin

toko

florărie

toko bunga

supermarket

supermarket

piață

pasar

magazin universal

toko serba ada

comerciant de pește

nelayan

centru comercial

pusat belanja

port

pelabuhan

parc

taman

bancă

banku

pod

jembatan

trepte

tangga

metrou

kereta bawah tanah

tunel

terowongan

staţie de autobuz

pemberhantian bis

bar

bar

restaurant

restauran

cutie poştală

kotak surat

tăbliţă indicatoare cu numele străzii

tanda jalan

parcometru

meteran parkir

grădină zoologică

kebun binatang

piscină

kolam renang

moschee

mesjid

gospodărie țărănească

pertanian

poluare

polusi

cimitir

kuburan

biserică

gereja

loc de joacă

tempat bermain

templu

pura

peisaj

pemandangan

frunză
daun

indicator
penunjuk arah

drum
jalanan

pajiște
padang rumput

piatră
batu

copac
pohon

drumeț
pejalak kaki

râu
sungai

iarbă
rumput

floare
bunga

vale

lembah

deal

bukit

lac

danau

pădure

hutan

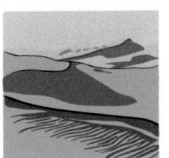

deșert

padang gurun

vulcan

gunung berapi

castel

istana

curcubeu

pelangi

ciupercă

jamur

palmier

pohon palem

țânțar

nyamuk

muscă

lalat

furnică

semut

albină

lebah

păianjen

laba-laba

gândac

kumbang

broască

kodok

veveriță

tupai

arici

landak

iepure

kelinci

bufniță

burung hantu

pasăre

burung

lebădă

angsa

porc mistreț

babi jantan

cerb

rusa

elan

rusa

dig

bendungan

turbină eoliană

turbin angin

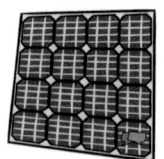

panou solar

panel surya

climă

iklim

restaurant
restauran

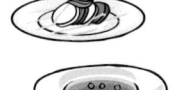

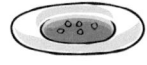

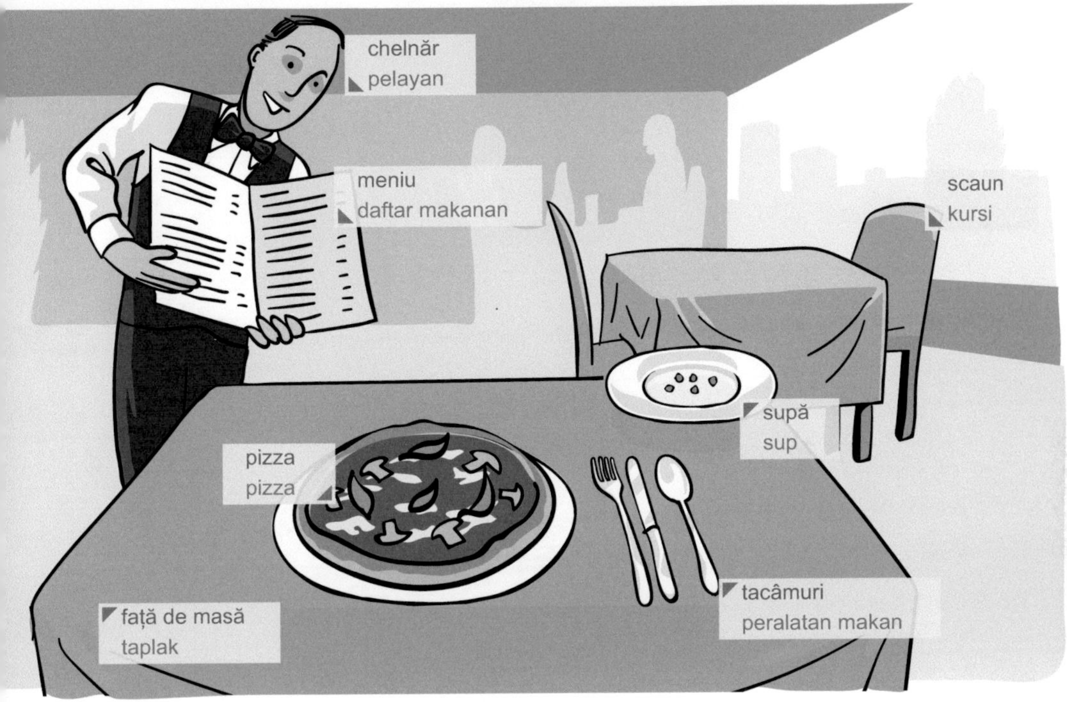
chelnăr
pelayan
meniu
daftar makanan
scaun
kursi
supă
sup
pizza
pizza
tacâmuri
peralatan makan
față de masă
taplak

antreu

hindangan pembuka

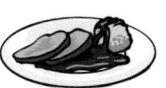

fel principal

hidangan utama

desert

hidangan penutup

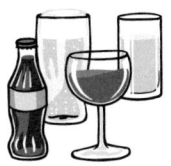

băuturi

minuman

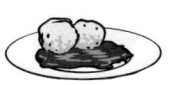

mâncare

makanan

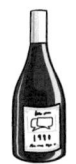

sticlă

botol

fastfood

fastfood

streetfood

masakan jalanan

ceainic

teko teh

zaharniță

kaleng gula

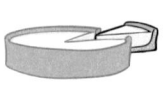

porție

porsi

espressor

mesin espresso

scaun înalt (pentru copii)

kursi tinggi

factură

tagihan

tavă

baki

cuțit

pisau

furculiță

garpu

lingură

sendok

linguriță

sendok teh

șervețel

serbet

pahar

gelas

farfurie

piring

farfurie de supă

piring sup

farfurie

lepek

sos

saus

solniță

tempat garam

râșniță de piper

gilingan merica

oțet

cuka

ulei

minyak

condimente

bumbu

ketchup

saus tomat

muștar

mustar

maioneză

mayones

supermarket
supermarket

ofertă
penawaran khusus
client
klien
produse lactate
produk susu
FOR
fructe
buah
cărucior de cumpărături
troli

BUTCHERS

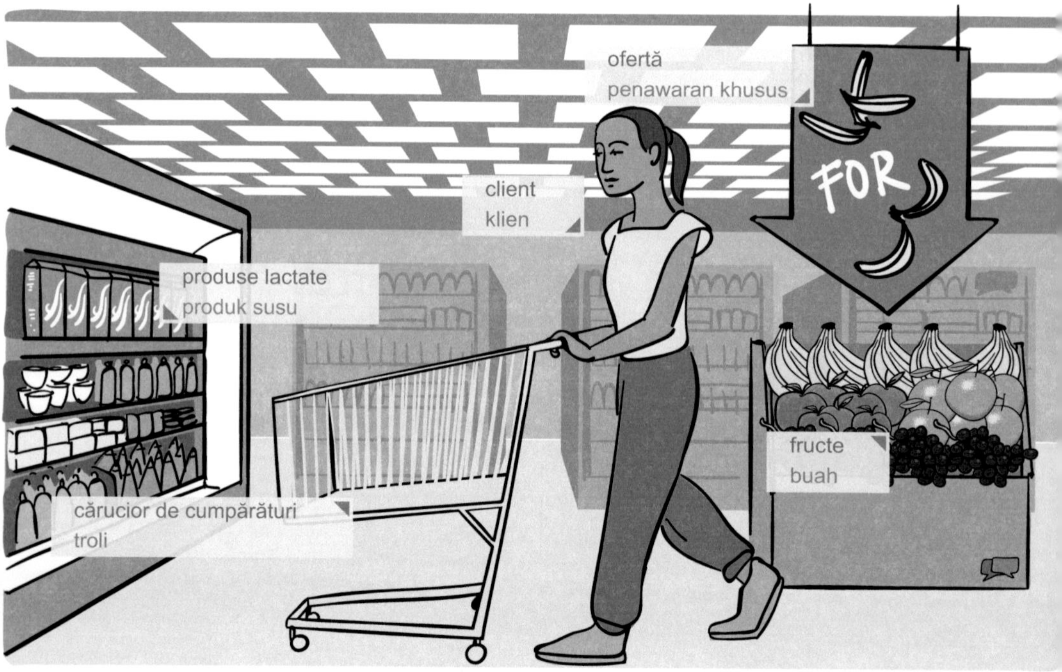

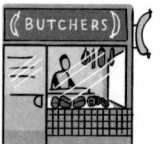

măcelărie

pembantai

BAKERY

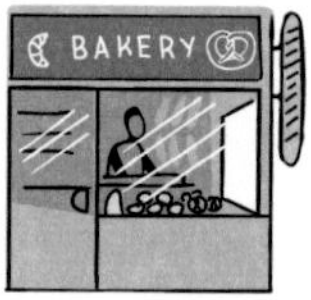

brutărie

toko roti

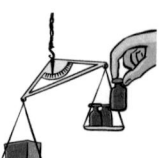

a cântări

menimbang

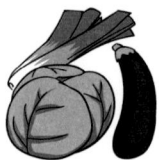

legume

sayur

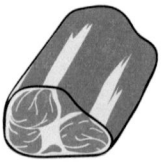

carne

daging

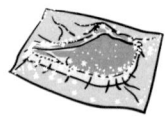

alimente refrigerate

makanan beku

hezeluri şi brânzeturi feliate

pemotongan dingin

conserve

makanan kaleng

detergent

sabun serbuk

dulciuri

permen

articole de menaj

alat-alat rumah tangga

produse de curăţenie

obat pembersihan

vânzătoare

penjual

casă

kasa

casier

kasir

listă de cumpărături

daftar belanja

orar

jam buka

portmoneu

dompet

carte de credit

kartu kredit

geantă

tas

pungă de plastic

kantong plastik

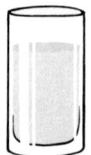

apă

air

suc

jus

lapte

susu

cola

cola

vin

anggur

bere

bir

alcool

alkohol

cacao

coklat

ceai

teh

cafea

kopi

espresso

espresso

cappucino

cappucino

banane

pisang

măr

apel

portocală

jeruk

pepene

semangka

lămâie

jeruk lemon

morcov

wortel

usturoi

bawang putih

bambus

bambu

ceapă

bawang bombai

ciupercă

jamur

nuci

kacang

paste făinoase

mi

spagheti

spagetti

orez

nasi

salată

salat

cartofi prăjiți

kentang goreng

cartofi țărănești

kentang goreng

pizza

pizza

hamburger

hamburger

sandwich

sandwich

șnițel

sayatan

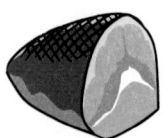

șuncă

ham

salam

salami

cârnați

sosis

pui

ayam

friptură

menggoreng

pește

ikan

fulgi de ovăz

bubur gandum

musli

sereal

cereale

cornflakes

făină

tepung

corn

croissant

chifle

roti

pâine

roti

pâine prăjită

toast

biscuiţi

biskuit

unt

mentega

brânză de vaci

dadih

prăjitură

kue

ou

telur

ouă ochiuri

telur goreng

brânză

keju

îngheţată

eskrim

zahăr

gula

miere

madu

marmeladă

selai

cremă nuga

krim nugat

curry

kare

gospodărie țărănească
pertanian

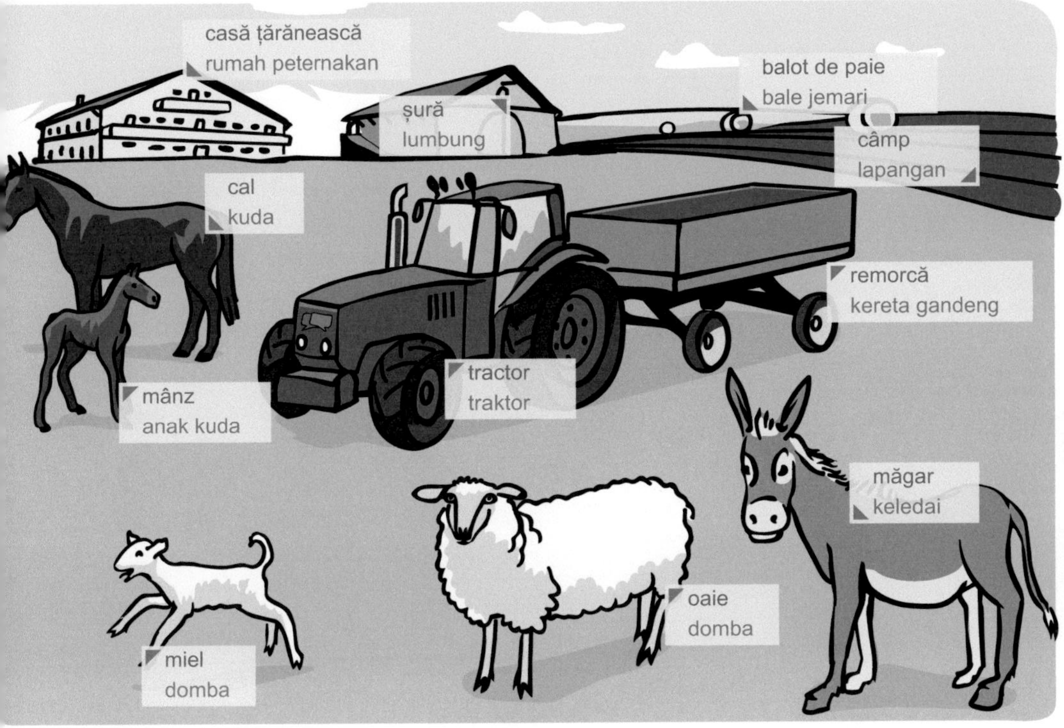

casă țărănească
rumah peternakan
șură
lumbung
balot de paie
bale jemari
câmp
lapangan
cal
kuda
remorcă
kereta gandeng
tractor
traktor
mânz
anak kuda
măgar
keledai
oaie
domba
miel
domba

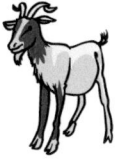

capră

kambing

vacă

sapi

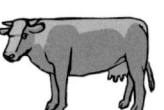

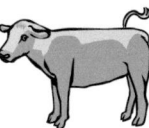

vițel

betis

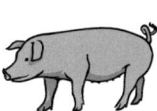

porc

babi

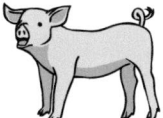

purcel

celeng

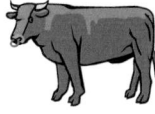

taur

banteng

găină
angsa

rață
bebek

pui
anak ayam

găină
ayam

cocoș
ayam jantan

șobolan
tikus

pisică
kucing

șoarece
tikus

bou
lembu

câine
anjing

cușcă
rumah anjing

furtun de grădină
selang

stropitoare
penyiram

coasă
sabit

plug
bajak

seceră

sabit

sapă

cangkul

furcă

garpu rumput

secure

kapak

roabă

gerobak

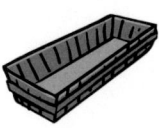

troacă

palung

cană pentru lapte

kaleng susu

sac

karung

gard

pagar

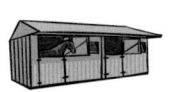

grajd

kandang

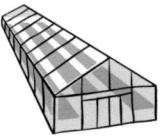

seră

rumah kaca

sol

tanah

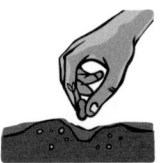

sămânță

benih

fertilizator

pupuk

combină de treierat

mesin pemanen

a culege

panen

recoltă

panen

cartof yam

yams

grâu

gandum

soia

kedelai

cartof

kentang

porumb

jagung

rapiță

lobak

pom fructifer

pohon buah

manioc

singkong

cereale

sereal

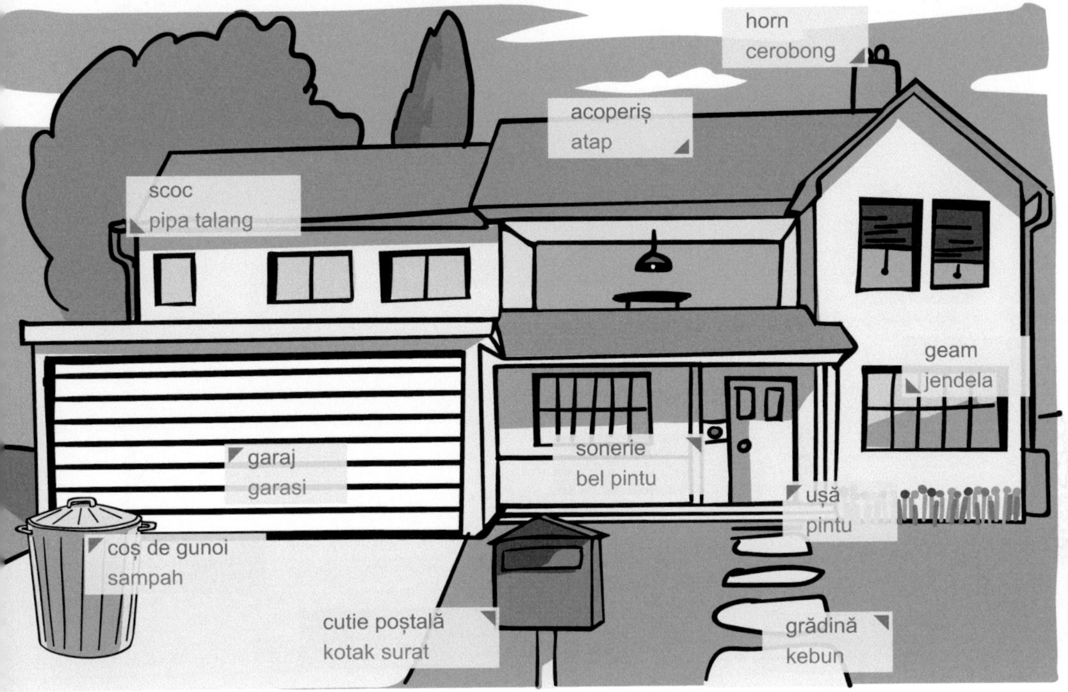

horn
cerobong

acoperiș
atap

scoc
pipa talang

geam
jendela

garaj
garasi

sonerie
bel pintu

ușă
pintu

coș de gunoi
sampah

cutie poștală
kotak surat

grădină
kebun

camără de zi

ruang tamu

baie

kamar mandi

bucătărie

dapur

dormitor

kamar tidur

camera copiilor

kamar anak

sufragerie

kamar makan

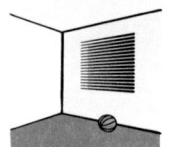

podea

lantai

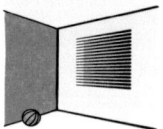

perete

tembok

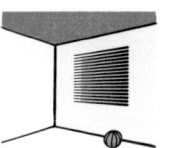

tavan

atap

pivniță

gudang di bawah tanah

saună

sauna

balcon

balkon

terasă

teras

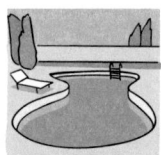

piscină

kolam renang

mașină de tuns iarba

mesin pemotong rumput

cearșaf

sprei

cuvertură

selimut

pat

tempat tidur

mătură

sapu

găleată

ember

întrerupător

tombol

cameră de zi
ruang tamu

tapet
kertas dinding
pictură
gambar
lampă
lampu
raft
rak
dulap
kabinet
televizor
televisi
șemineu
perapian
floare
bunga
pernă
bantal
sofa
sofa
vază
vas
telecomandă
remote control

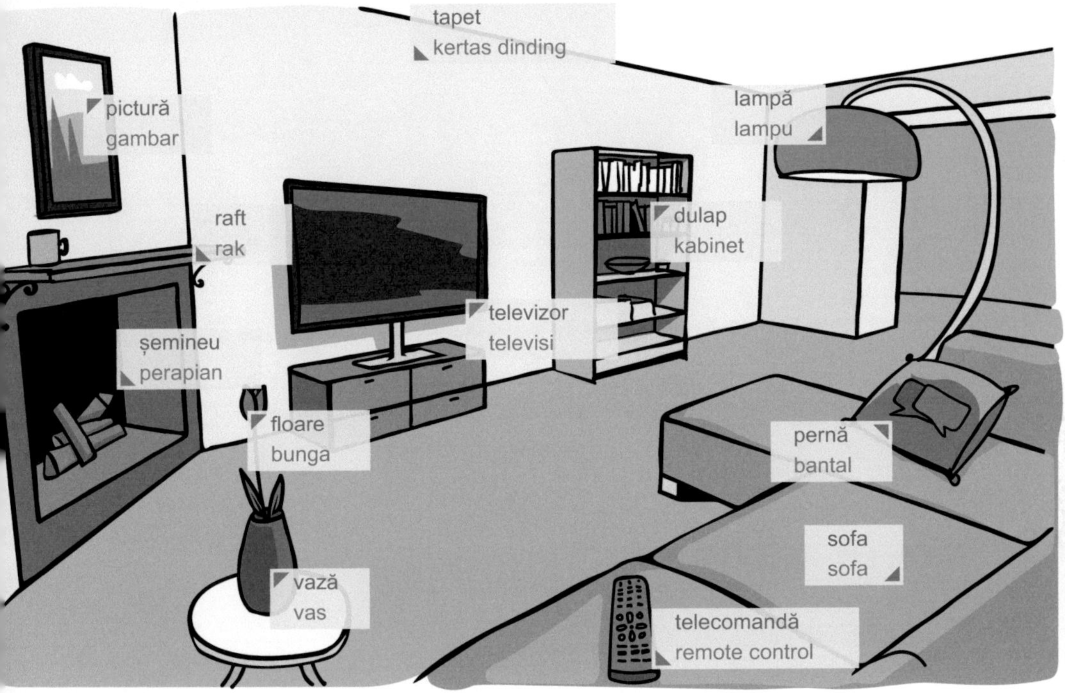

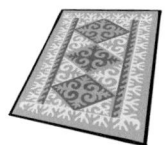

covor
karpet

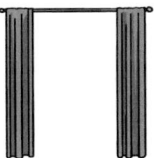

perdea
korden

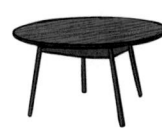

masă
meja

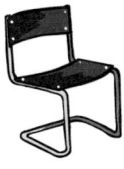

scaun
kursi

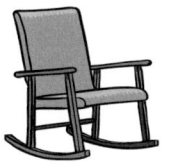

balansoar
kursi goyang

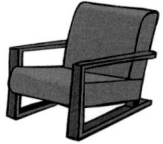

fotoliu
kursi malas

carte

buku

pătură

selimut

decoraţiune

dekorasi

lemn de foc

kayu bakar

film

filem

instalaţie stereo

hi-fi

cheie

kunci

ziar

koran

desen

lukisan

poster

poster

radio

radio

caiet de notiţe

buku tulis

aspirator

penyedot debu

cactus

kaktus

lumânare

lilin

bucătărie
dapur

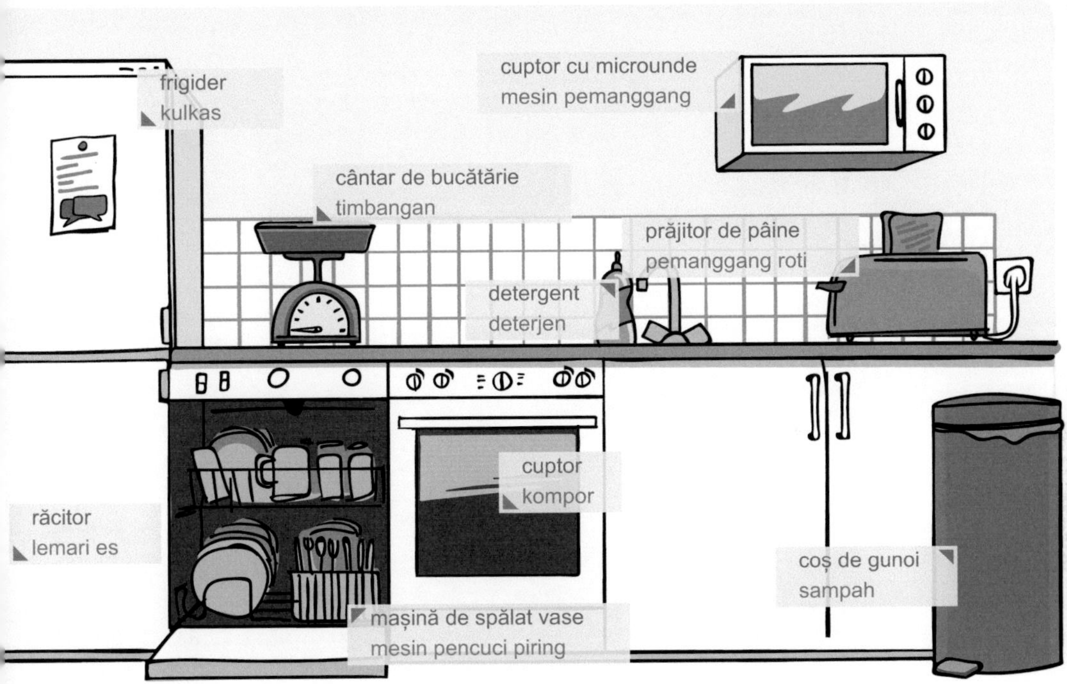

frigider
kulkas
cuptor cu microunde
mesin pemanggang
cântar de bucătărie
timbangan
prăjitor de pâine
pemanggang roti
detergent
deterjen
cuptor
kompor
răcitor
lemari es
coș de gunoi
sampah
mașină de spălat vase
mesin pencuci piring

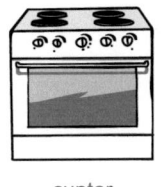

cuptor
kompor

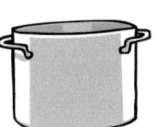

oală
panci

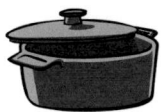

oală de metal
panci besi

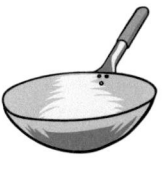

wok/kadai
wajan

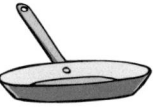

tigaie
panci

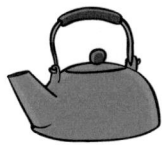

ceainic
pemanas air

oală de gătit cu aburi

panci pengukus makanan

tavă de copt

nampan

vеselă

piring

pahar

cangkir

bol

mangkok

bețișoare

sumpit

polonic

sendok sup

spatulă

sudip

tel

mengocok

sită

saringan

sită

saringan

răzătoare

parutan

mojar

mortir

grătar

barbeque

loc pentru grătar

api terbuka

tocător

papan memotong

sucitor

gilingan

tirbușon

alat pembuka botol

conservă

kaleng

deschizător de conserve

pembuka kaleng

șervete termice

pegangan panci

chiuvetă

wastafel

perie

sikat

burete

busa

mixer

mesin pencampur

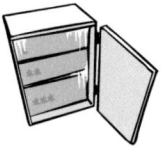

ladă frigorifică

lemari es

biberon

botol bayi

robinet

keran

bucătărie - dapur

baie

kamar mandi

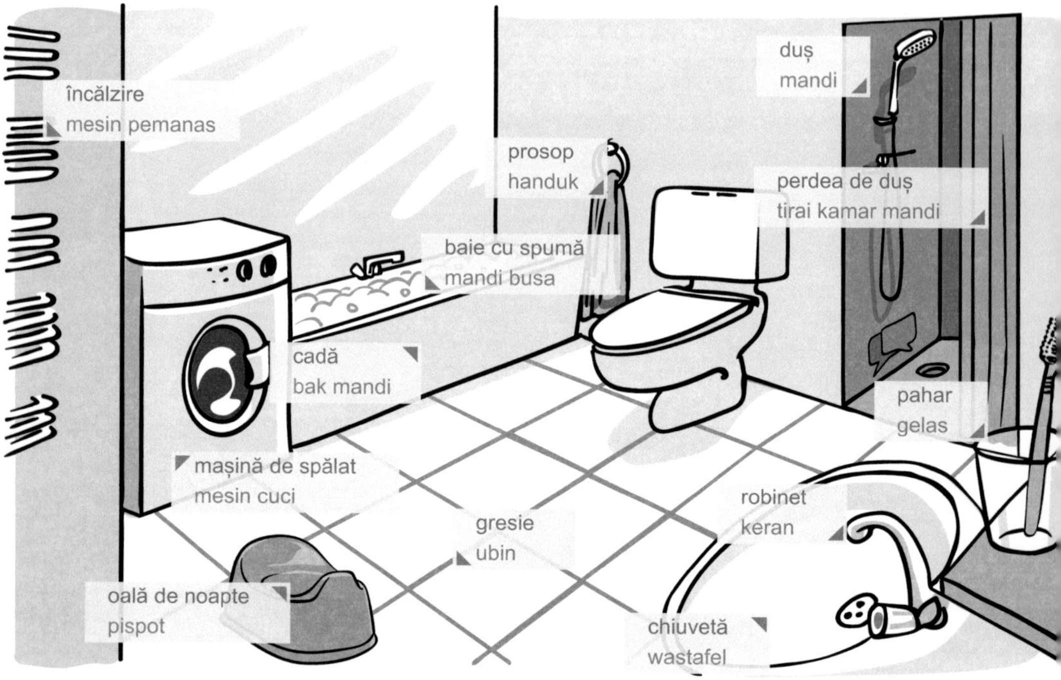

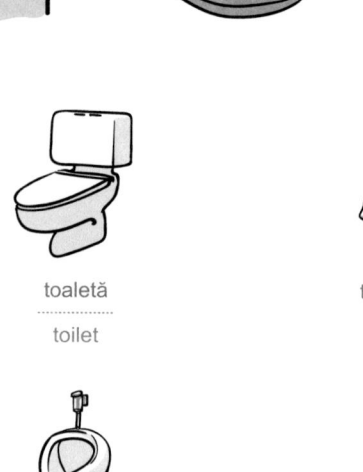

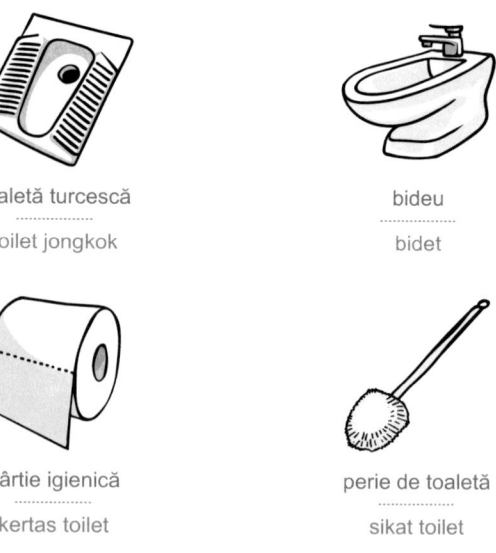

încălzire
mesin pemanas
duș
mandi
prosop
handuk
perdea de duș
tirai kamar mandi
baie cu spumă
mandi busa
cadă
bak mandi
pahar
gelas
mașină de spălat
mesin cuci
robinet
keran
gresie
ubin
oală de noapte
pispot
chiuvetă
wastafel

toaletă

toilet

toaletă turcescă

toilet jongkok

bideu

bidet

pisoir

pissoir

hârtie igienică

kertas toilet

perie de toaletă

sikat toilet

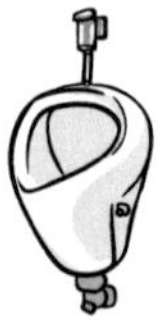

periuță de dinți

sikat gigi

pastă de dinți

pasta gigi

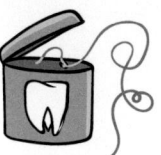

ață dentară

benang gigi

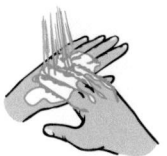

a spăla

menyuci

cap de duș

pancuran tangan

duș intim

pancuran

lavoar

bak

perie pentru spate

sikat punggung

săpun

sabun

gel de duș

gel mandi

șampon

sampo

cârpă de spălat

planel

scurgere

kuras

cremă

krim

deodorant

deodoran

baie - kamar mandi

39

oglindă

kaca

oglindă cosmetică

cermin tangan

aparat de ras

pisau cukur

spumă de ras

busa cukur

aftershave

aftershave

pieptene

sisir

perie

sikat

uscător de păr

alat pengering rambut

fixator

semprot rambut

machiaj

makeup

ruj

lipstik

lac de unghii

cat kuku

vată

kapas

foarfece de unghii

gunting kuku

parfum

minyak wangi

neseser

kantong pencuci

taburet

bangku

cântar

timbangan

halat de baie

mantel mandi

mănuși de cauciuc

sarung tangan karet

tampon

tampon

tampon

handuk pembalut

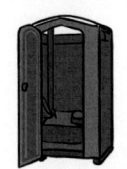

toaletă chimică

toilet kimia

camera copiilor
kamar anak

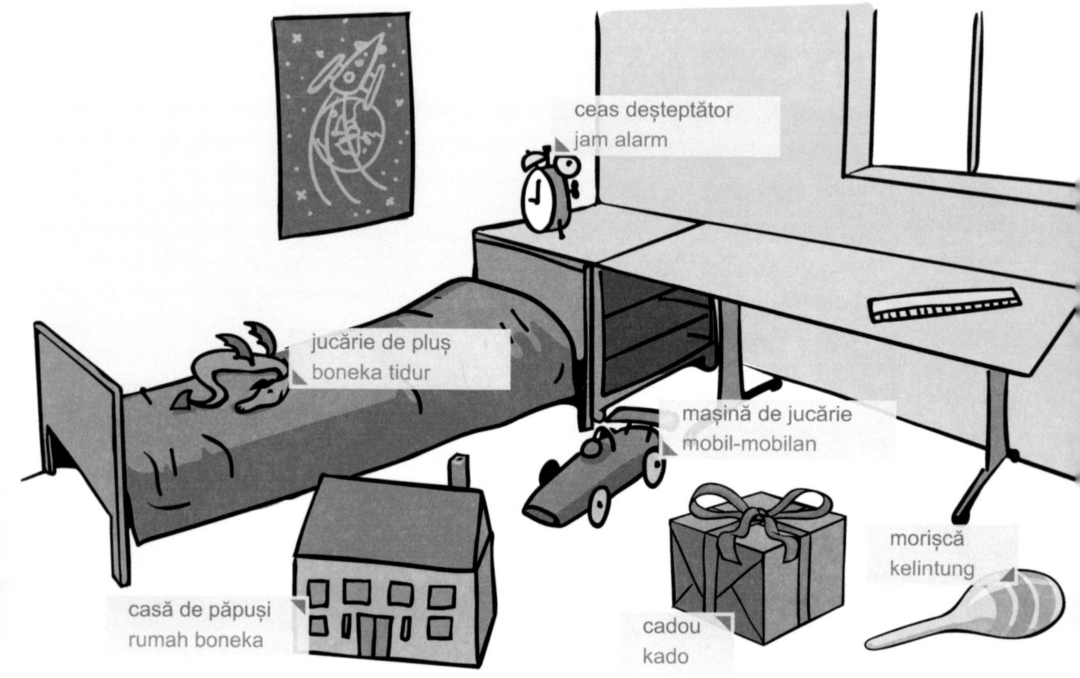
ceas deșteptător
jam alarm
jucărie de pluș
boneka tidur
mașină de jucărie
mobil-mobilan
morișcă
kelintung
casă de păpuși
rumah boneka
cadou
kado

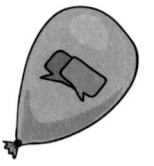

balon

balon

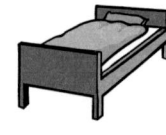

pat

tempat tidur

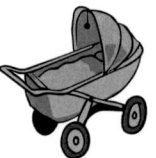

cărucior de copii

kereta bayi

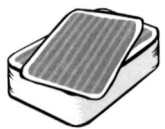

joc de cărți

mainan kartu

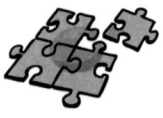

puzzle

teka-teki

SUPER MEGA

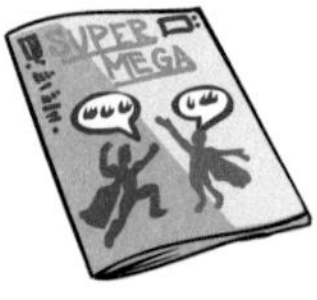

revistă de benzi desenate

komik

cuburi lego

mainan lego

piese pentru construcții

blok mainan

personaj din filmele de acțiune

figur aksi

body

baju monyet

frisbee

frisbee

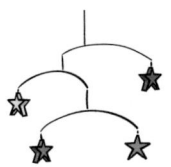

mobil

mobile

joc de societate

permainan papan

zar

dadu

set trenuleț de jucărie

set model kreta api

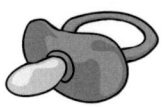

suzetă

dot

petrecere

pesta

carte cu poze

buku gambar

minge

bola

păpușă

boneka

a se juca

bermain

groapă de nisip

tempat main pasir

leagăn

ayunan

jucării

mainan

consolă video

video game konsol

triciletă

sepeda roda tiga

ursuleț

teddy

dulap

lemari pakaian

îmbrăcăminte
pakaian

șosete

kaos kaki

ciorapi

kaos kaki

dres

baju ketat

şal
syal

umbrelă
payung

tricou
kaos

curea
sabuk

cizme
sepatu bot

papuci
sandal

pantofi sport
sepatu

sandale
sandal

încălţăminte
sepatu

cizme de cauciuc
sepatu bot karet

chilot
celana dalam

sutien
BH

maiou
baju rompi

body

body

pantaloni

celana

blugi

jeans

fustă

rok

bluză

blus

cămașă

kemeja

pulover

aket berkerudung

jerseu

sweater

sacou

jaket

jachetă

jaket

palton

mantel

pelerină de ploaie

jas hujan

costum

kostum

rochie

gaun

rochie de mireasă

gaun pengantin

costum

setelan resmi

cămaşă de noapte

gaun tidur

pijama

piyama

sari

sari

batic

jilbab

turban

turban

burka

burka

caftan

kaftan

abaya

abaya

costum de baie

pakaian renang

şort

celana renang

pantaloni scurţi

celana pendek

trening

olah raga

şorţ

celemek

mănuşi

sarung tangan

nasture

kancing

ochelari

kacamata

brăţară

gelang

lanţ

kalung

inel

cincin

cercel

anting

căciulă

topi

umeraş

gantungan mantel

pălărie

topi

cravată

dasi

fermoar

ritsleting

cască

helm

bretele

tali selempang

uniformă şcolară

seragam sekolah

uniformă

seragam

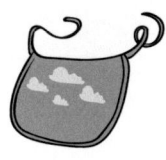

bavețică

oto

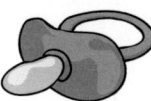

suzetă

dot

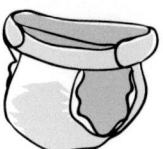

scutec

popok

birou
kantor

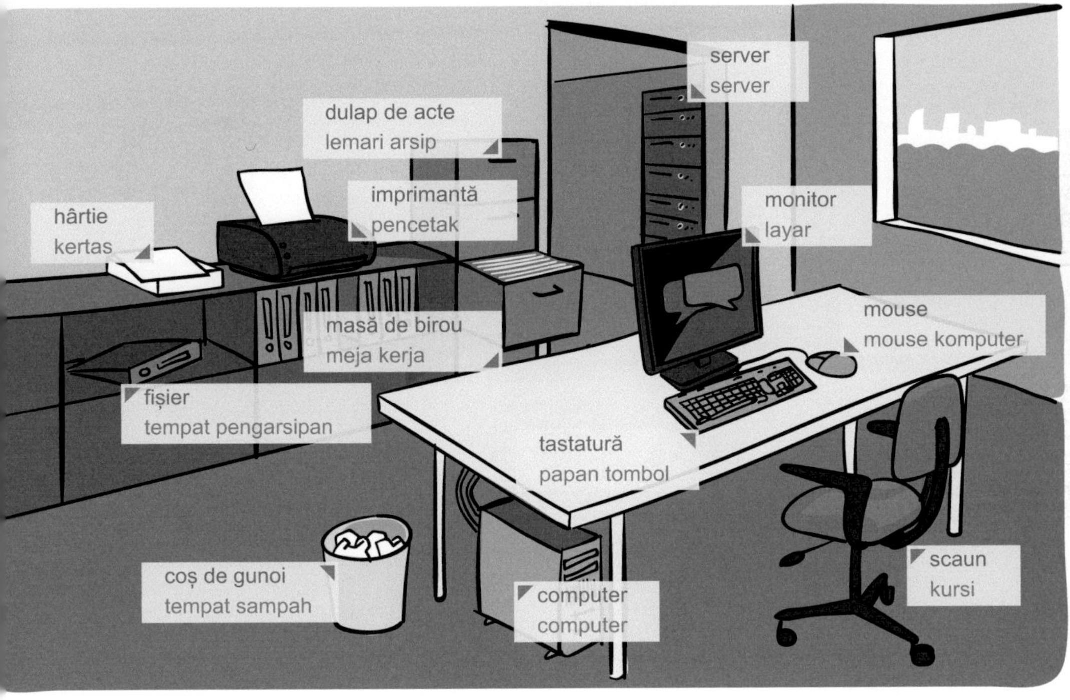
server
server
dulap de acte
lemari arsip
imprimantă
pencetak
hârtie
kertas
monitor
layar
mouse
mouse komputer
masă de birou
meja kerja
fișier
tempat pengarsipan
tastatură
papan tombol
coș de gunoi
tempat sampah
computer
computer
scaun
kursi

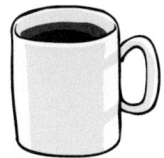

ceașcă de cafea

cangkir kopi

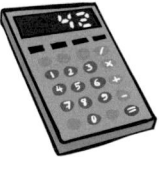

calculator

kalkulator

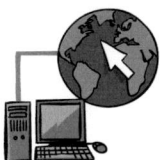

internet

internet

laptop

laptop

scrisoare

surat

mesaj

pesan

telefon mobil

telepon seluler

reţea

jaringan

copiator

fotokopi

software

software

telefon

telepon

priză

plug soket

fax

mesin fax

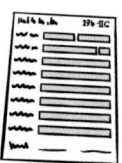

formular

formulir

document

dokumen

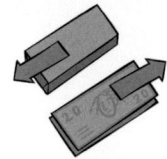

a cumpăra

membeli

a plăti

membayar

a face comerț

berdagang

bani

uang

 **USD**

Dolar

Dollar

 **EUR**

Euro

Euro

 **JPY**

Yen

Yen

 **RUB**

Rublă

Rubel

 **CHF**

Franc Elvețian

Franc Swiss

 **CNY**

renminbi yuan

Renminbi Yuan

 **INR**

Rupie

Rupiah

bancomat

ATM

casă de schimb valutar

kantor pertukaran mata uang

aur

emas

argint

perak

petrol

minyak

energie

energi

preț

harga

contract

kontrak

impozit

pajak

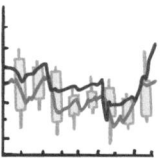

acțiune

saham

a munci

bekerja

angajat

karyawan

angajator

majikan

fabrică

pabrik

magazin

toko

polițist
petugas polisi

pompier
pemadam kebakaran

bucătar
pemasak

medic
dokter

pilot
pilot

grădinar

tukan kebun

tâmplar

tukang kayu

cusătoreasă

penjahit wanita

judecător

hakim

chimist

ahli kimia

actor

aktor

șofer de autobuz

sopir bis

șofer de taxi

sopir taksi

pescar

nelayan

femeie de serviciu

pembantu

tinichigiu

tukang atap

chelnăr

pelayan

vânător

pemburu

pictor

pelukis

brutar

tukang roti

electrician

tukang listrik

muncitor în construcții

pembangun

inginer

insinyur

măcelar

tukang daging

instalator

tukang ledeng

poștaș

tukang pos

soldat

tentara

arhitect

arsitek

casier

kasir

florar

penjual bunga

frizer

penata rambut

controlor

konduktor

mecanic

montir

căpitan

kapten

stomatolog

dokter gigi

om de știință

ilmuwan

rabin

rabbi

imam

imam

călugăr

biarawan

preot

pendeta

instrumente
alat

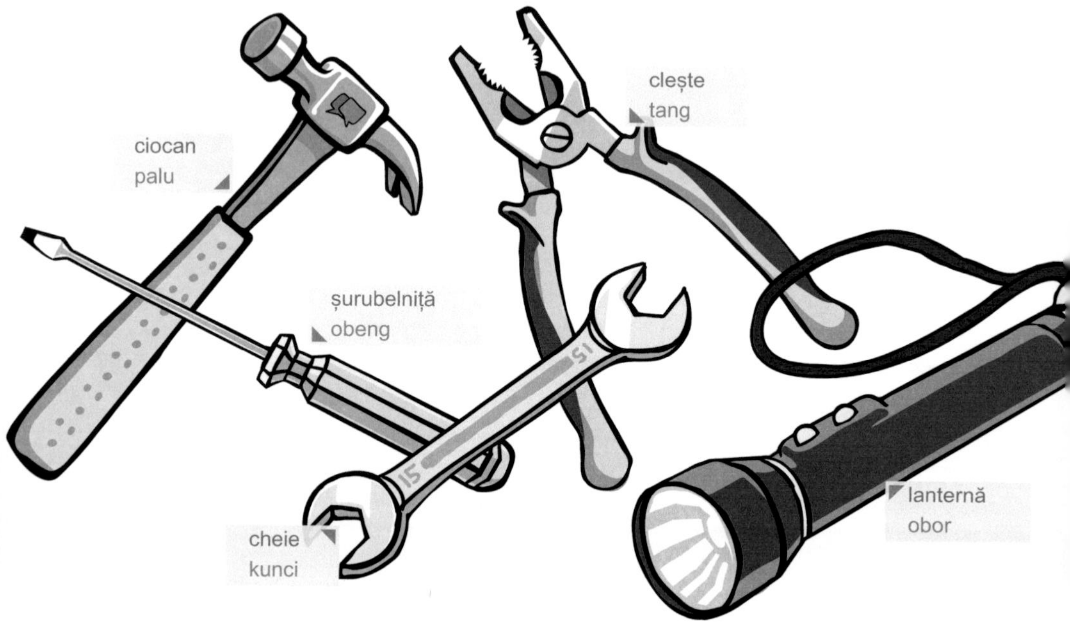

ciocan
palu
clește
tang
șurubelniță
obeng
cheie
kunci
lanternă
obor

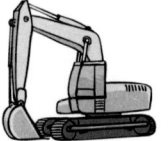

excavator

penggali

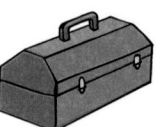

cutie de scule

tas perkakas

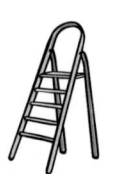

scară

tangga

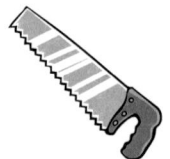

ferăstrău

gergaji

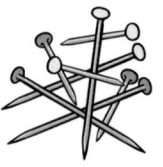

cuie

paku

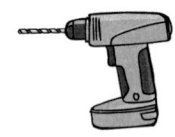

burghiu

bor

a repara

perbaikan

lopată

sekop

La naiba!

Sialan!

făraș

cikrak

vas pentru vopsea

pot cat

șuruburi

sekrup

instrumente muzicale
alat musik

difuzor
pengeras suara

set tobe
alat drum

contrabas
bas

trompetă
trompet

chitară
gitar

pian

piano

vioară

violin

bas

bass

trombon

tambur

tobă

drum

keyboard

keyboard

saxofon

saksofon

fluier

suling

microfon

mikrofon

grădină zoologică
kebun binatang

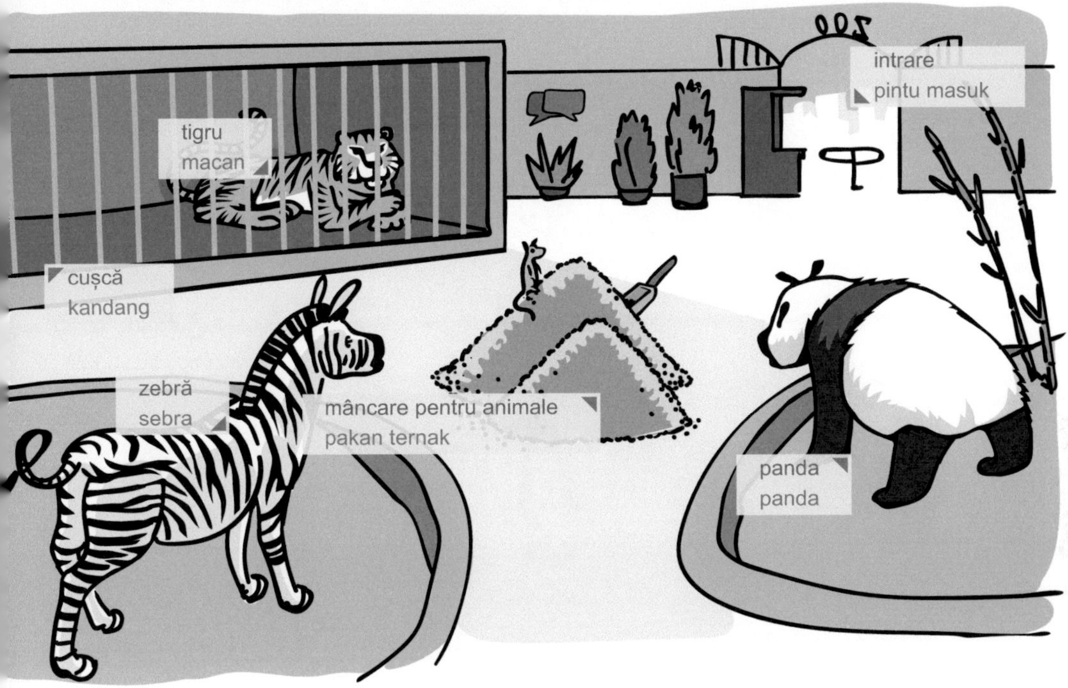

zoo
intrare
pintu masuk
tigru
macan
cușcă
kandang
zebră
sebra
mâncare pentru animale
pakan ternak
panda
panda

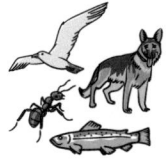

animale
hewan

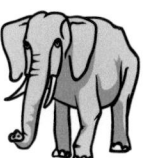

elefant
gajah

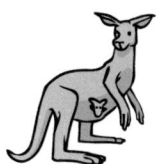

cangur
kanguru

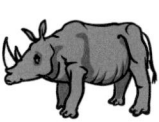

rinocer
badak

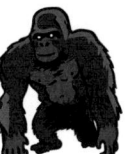

gorilă
gorila

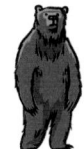

urs
beruang

cămilă

unta

struț

burung unta

leu

singa

maimuță

monyet

flamingo

flamingo

papagal

burung beo

urs polar

beruang polar

pinguin

penguin

rechin

hiu

păun

merak

șarpe

ular

crocodil

buaya

îngrijitor grădina zoologică

penjaga kebun binatang

focă

segel

jaguar

jaguar

ponei

kuda poni

leopard

macan tutul

hipopotam

kuda nil

girafă

jerapah

acvilă

burung elang

porc mistreț

babi jantan

pește

ikan

broască țestoasă

kura-kura

morsă

anjing laut

vulpe

rubah

gazelă

kijang

fotbal american
american football

ciclism
naik sepeda

tenis
tennis

basketball
basketbal

înot
bernang

box
tinju

hockey pe gheață
hoki es

fotbal
sepak bola

badminton
badminton

atletism
atletik

handbal
bola tangan

schi
main ski

polo
polo

activități
aktivitas

a râde
ketawa
a sări
meloncat
a îmbrățișa
memeluk
a merge
berjalan
a cânta
menyanyi
a visa
mengimpi
a se ruga
berdoa
a săruta
mencium

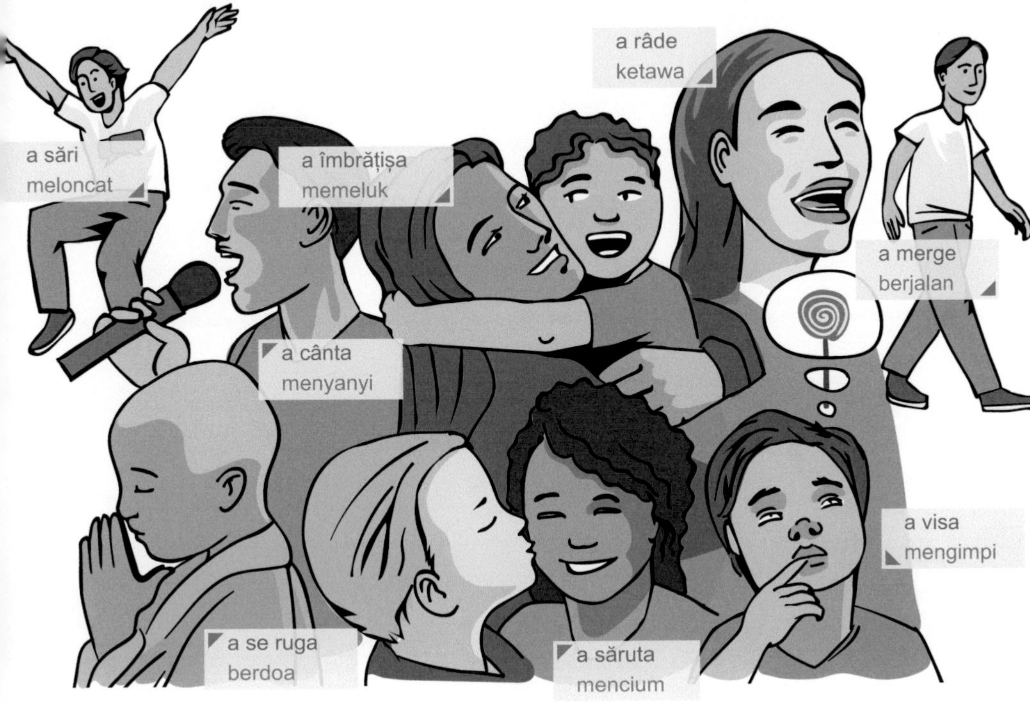

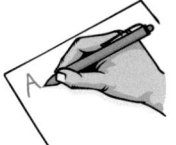

a scrie

menulis

a desena

melukis

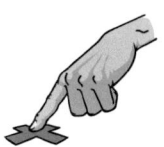

a arăta

menunjuk

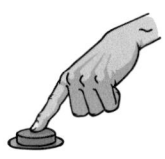

a împinge

mendorong

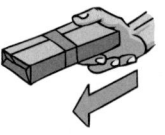

a da

memberikan

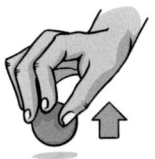

a lua

mengambil

a avea

mempunyai

a face

melakukan

a fi

adalah

a sta în picioare

berdiri

a fugi

berlari

a trage

menarik

a arunca

melempar

a cădea

jatuh

a sta întins

tidur

a aștepta

menunggu

a purta

membawa

a ședea

duduk

a se îmbrăca

berpakaian

a dormi

tidur

a se trezi

bangun

a privi

melihat

a plânge

menangis

a mângâia

mengelus

a se pieptăna

menyisir

a vorbi

berbicara

a înțelege

mengerti

a întreba

menanyak

a asculta

mendengar

a bea

minum

a mânca

makan

a face ordine

merapikan

a iubi

cinta

a găti

memasak

a conduce

menyetir

a zbura

terbang

a naviga

berlayar

a calcula

menghitung

a citi

membaca

a învăţa

belajar

a munci

bekerja

a se căsători

menikah

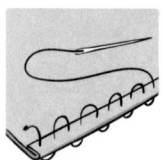

a coase

menjahit

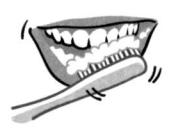

a se spăla pe dinţi

sikat gigi

a ucide

membunuh

a fuma

merokok

a trimite

kirim

bunică
nenek

bunic
kakek

tată
bapak

mamă
ibu

bebeluș
bayi

soră
putri

fiu
putra

oaspete

tamu

mătușă

bibi

unchi

paman

frate

kakak laki

soră

kakak perempuan

corp

badan

frunte
dahi
ochi
mata
față
muka
bărbie
dagu
piept
payudara
deget
jari
mână
tangan
braț
lengan
umăr
bahu
picior
kaki

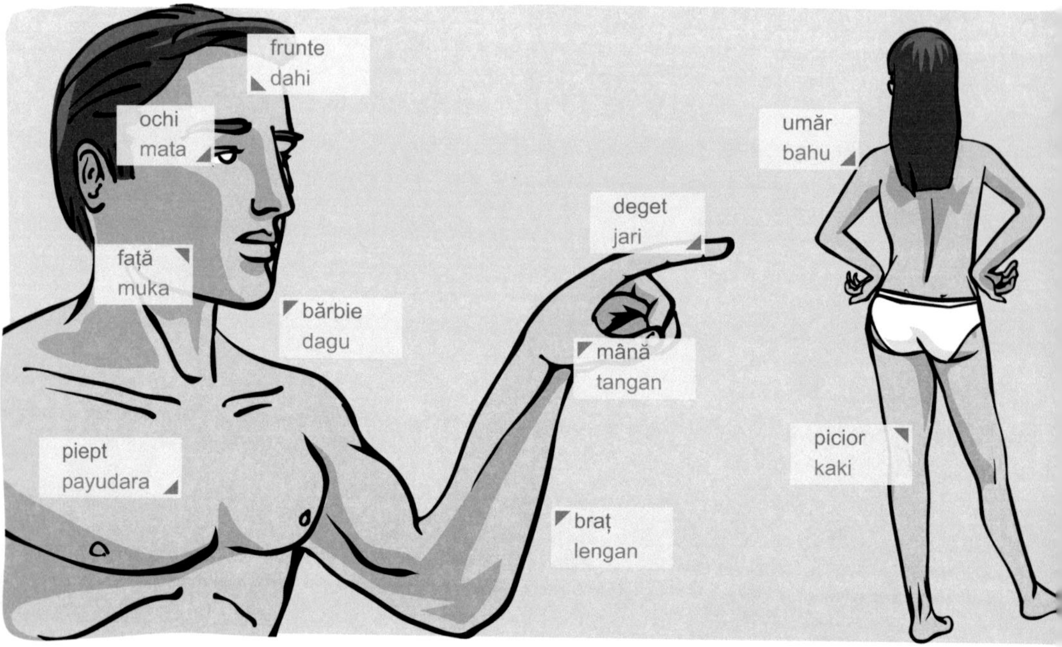

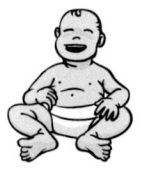

bebeluș

bayi

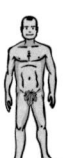

bărbat

pria

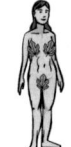

femeie

wanita

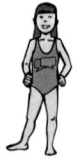

fată

perempuan

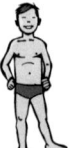

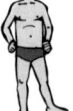

băiat

laki

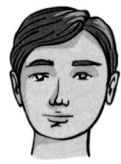

cap

kepala

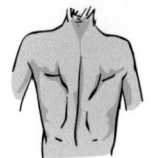

spate

punggung

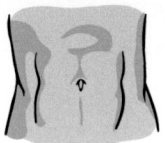

abdomen

perut

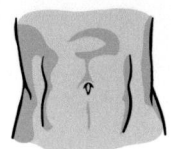

ombilic

pusar

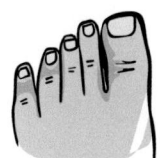

deget de la picior

toe

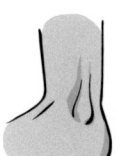

călcâi

tumit

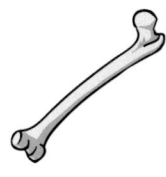

os

tulang

șold

pinggang

genunchi

lutut

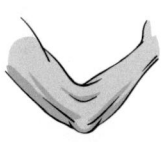

cot

siku

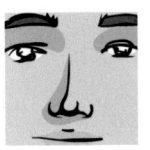

nas

hidung

fund

pantat

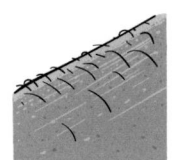

piele

kulit

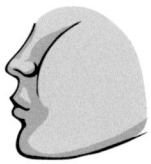

obraz

pipi

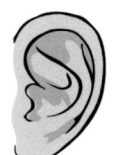

ureche

telinga

buză

bibir

gură

mulut

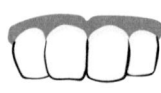

dinte

gigi

limbă

lidah

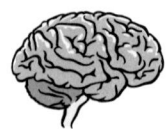

creier

otak

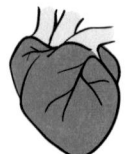

inimă

jantung

mușchi

otot

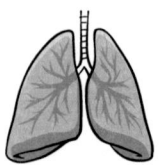

plămân

paru-paru

ficat

hati

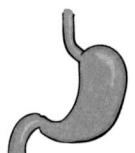

stomac

stomach

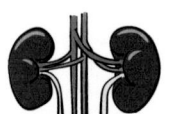

rinichi

ginjal

sex

hubungan seks

prezervativ

kondom

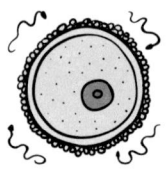

ovul

sel telur

spermă

sperma

sarcină

kehamilan

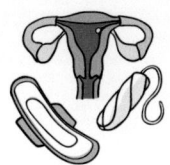

menstruație

menstruasi

vagin

vagina

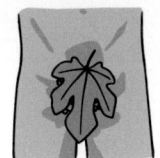

penis

penis

sprânceană

alis

păr

rambut

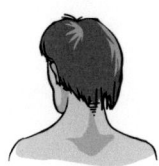

gât

leher

spital
rumah sakit

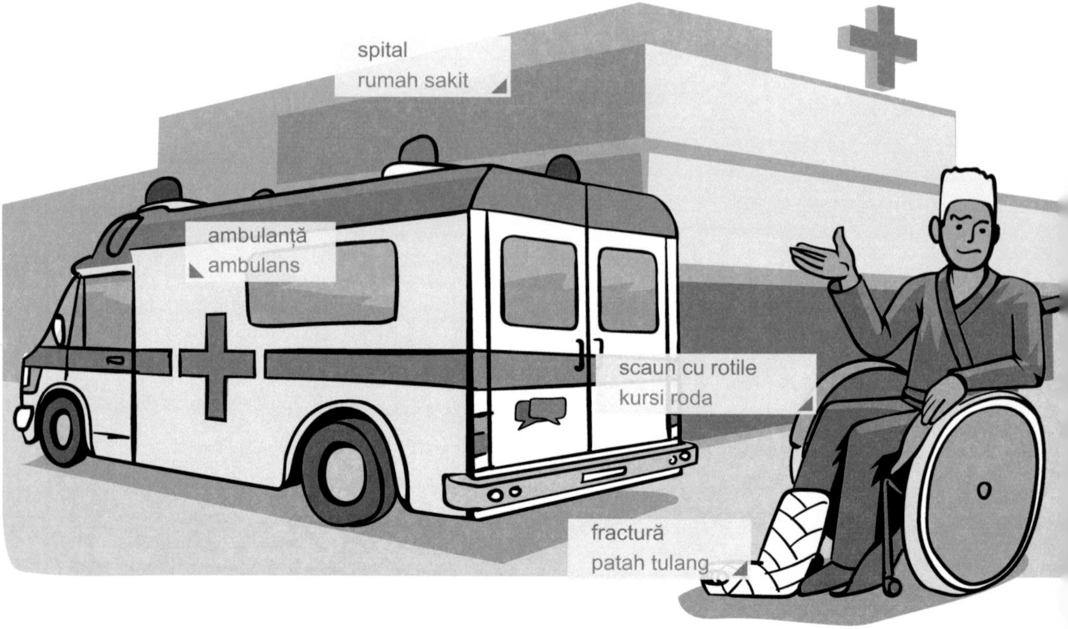

spital
rumah sakit
ambulanță
ambulans
scaun cu rotile
kursi roda
fractură
patah tulang

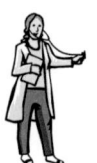

medic
dokter

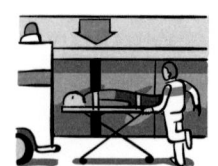

unitate de primiri urgențe
ruang darurat

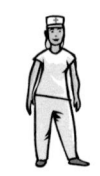

soră medicală
perawat

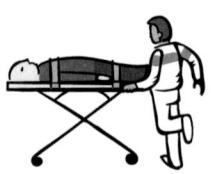

urgență
darurat

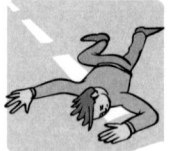

inconștient
semaput

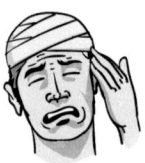

durere
sakit

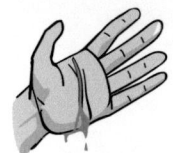

leziune
cedera

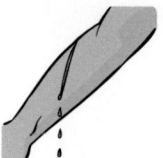

sângerare
perdarahan

infarct miocardic
serangan jantung

atac cerebral
stroke

alergie
alergi

tuse
batuk

febră
demam

gripă
flu

diaree
diare

durere de cap
sakit kepala

cancer
kanker

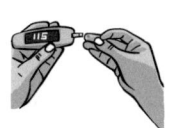

diabet
diabetes

chirurg
ahli bedah

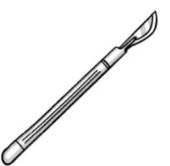

scalpel
pisau bedah

operație
operasi

CT

CT

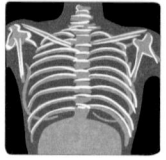

raze Röntgen

sinar x

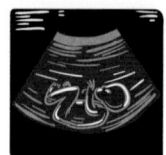

ultrasunet

usg

mască

topeng

boală

penyakit

sală de așteptare

ruang tunggu

cârjă

penyokong

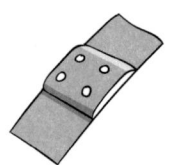

plasture

plester

bandaj

perban

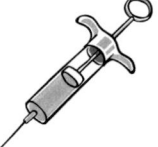

injecție

injeksi

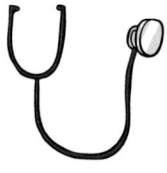

stetoscop

stetoskop

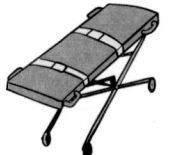

targă

usungan

termometru

termometer klinis

naștere

kelahiran

supraponderabilitate

kelebihan berat badan

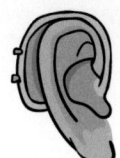

aparat auditiv

alat pendengar

dezinfectant

desinfektan

infecție

infeksi

virus

virus

HIV/SIDA

HIV / AIDS

medicină

obat

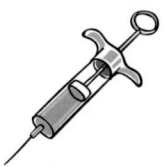

vaccin

vaksinasi

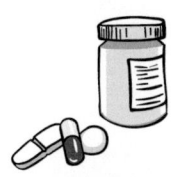

tablete

tablet

pastilă

pil

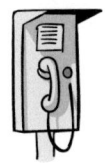

apel de urgență

panggilan darurat

aparat de măsurare a
presiunii arteriale

ukur tekanan darah

bolnav/sănătos

sakit / sehat

Ajutor!

Tolong!

alarmă

alarm

agresiune

penyerbuan

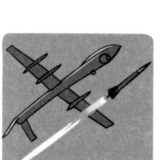

atac

serangan

pericol

bahaya

ieşire de urgenţă

pintu darurat

Foc!

Api!

extinctor

alat pemadam kebakaran

accident

kecelakaan

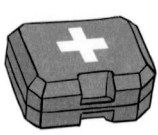

trusă de prim-ajutor

kit pertolongan pertama

SOS

SOS

poliţie

polisi

Europa

Eropa

America de Nord

Amerika Utara

America de Sud

Amerika Selatan

Africa

Afrika

Asia

Asia

Australia

Australi

Altantic

Atlantik

Pacific

Pasifik

Oceanul Indian

Samudra India

Oceanul Antarctic

Samudra Antartika

Oceanul Arctic

Samudra Arktik

Polul Nord

kutub utara

Polul Sud

kutub selatan

Antarctica

Antarktika

pământ

bumi

țară

tanah

mare

laut

insulă

pulau

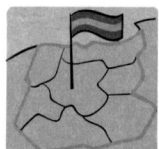

națiune

bangsa

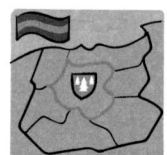

stat

negara

cadran

jam wajah

orar

jarum pendek

minutar

jarum menit

secundar

jarum detik

Cât e ceasul?

Jam berapa?

zi

hari

timp

waktu

acum

sekarang

cead digital

jam digital

minut

menit

oră

jam

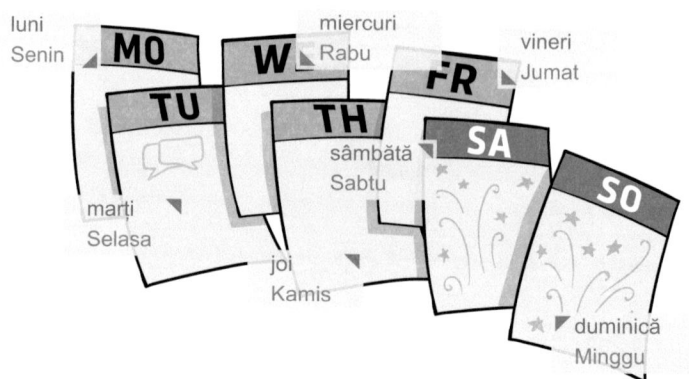

luni — Senin — MO

miercuri — Rabu — W

vineri — Jumat — FR

TU

TH

SA

marţi — Selasa

sâmbătă — Sabtu

SO

joi — Kamis

duminică — Minggu

ieri

kemaren

azi

hari ini

mâine

besok

dimineaţă

pagi

amiază

siang

seară

malam

zile lucrătoare

hari kerja

week-end

akhir minggu

curcubeu
pelangi

ploaie
hujan

zăpadă
salju

vânt
angin

primăvară
musim semi

toamnă
musim gugur

vară
musim panas

iarnă
musim dingin

4.APRIL	11°	☀
5.APRIL	4°	☁
6.APRIL	13°	☂
7.APRIL	8°	☀
8.APRIL	10°	☀

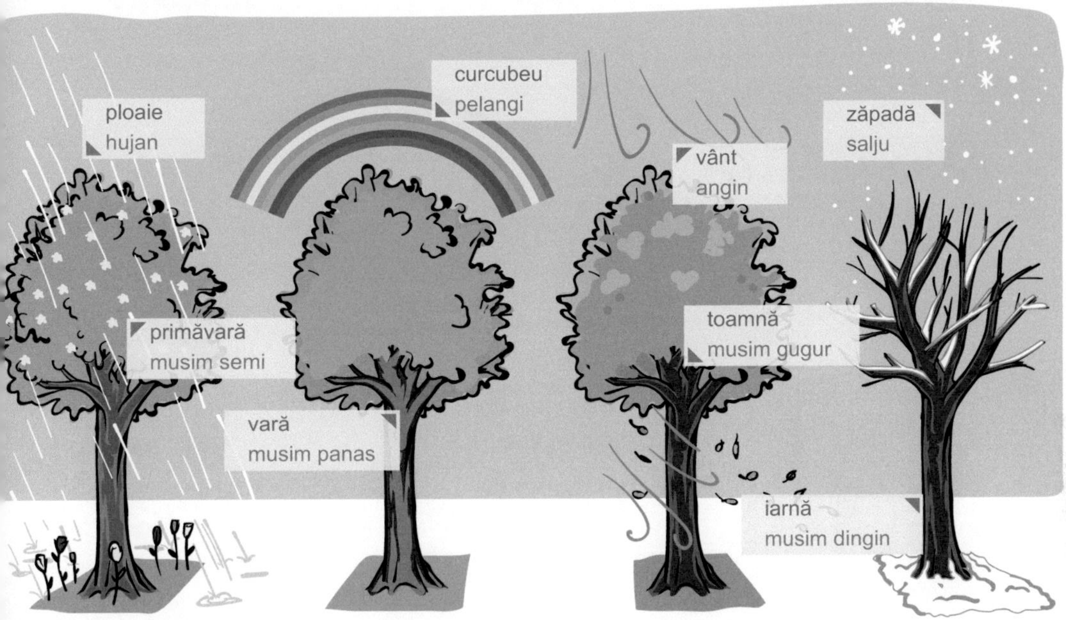

prognoză meteo

ramalan cuaca

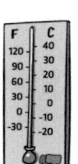

termometru

termometer

lumina soarelui

matahari

nor

awan

ceață

kabut

umiditate a aerului

kelembahan

fulger

kilat

tunet

guntur

furtună

badai

grindină

hujan es

muson

monsun

inundație

banjir

gheață

es

ianuarie

Januari

februarie

Februari

martie

Maret

aprilie

April

mai

Mei

iunie

Juni

iulie

Juli

august

Agustus

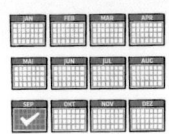

septembrie

September

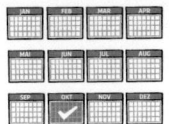

octombrie

Oktober

noiembrie

November

decembrie

Desember

forme
bentuk

cerc

lingkaran

pătrat

persegi

dreptunghi

persegi panjang

triunghi

segi tiga

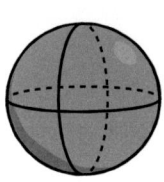

sferă

bola

cub

kubus

warna-warna

alb

putih

galben

kuning

portocaliu

oranye

roz

pink

roşu

merah

violet

ungu

albastru

biru

verde

hijau

maro

coklat

gri

abu-abu

negru

hitam

mult/puțin

banyak / sedikit

furios/calm

marah / tenang

frumos/urât

cantik / jelek

început/sfârșit

mulaih / selesai

mare/mic

besar / kecil

luminos/întunecat

terang / gelap

frate/soră

saudara laki-laki / saudara perempuan

curat/murdar

bersih / kotor

complet/incomplet

lengkap / tidak lengkap

zi/noapte

hari / malam

mort/viu

mati / hidup

lat/strâmt

luas / sempit

comestibil/necomestibil

dapat dimakan / tidak dapat dimakan

rău/prietenos

jahat / baik

emoţionat/plictisit

bersemangat / bosan

gras/slab

gemuk / kurus

primul/ultimul

pertama / terakhir

prieten/inamic

teman / musuh

plin/gol

penuh / kosong

tare/moale

keras / lembut

greu/uşor

berat / enteng

foame/sete

lapar / haus

bolnav/sănătos

sakit / sehat

ilegal/legal

ilegal / legal

inteligent/stupid

cerdas / bodoh

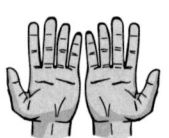

stânga/drepta

kiri / kanan

aproape/departe

dekat / jauh

nou/uzat

baru / bekas

nimic/ceva

tidak ada apapun / sesuatu

bătrân/tânăr

tua / muda

pornit/oprit

nyala / mati

deschis/închis

buka / tutup

încet/tare

tenang / keras

bogat/sărac

kaya / miskin

corect/fals

benar / salah

aspru/neted

kasar / halus

trist/fericit

sedih / gembira

lung/scurt

pendek / panjang

încet/repede

pelan-pelan / cepat

ud/uscat

basah / kering

cald/rece

hangat / sejuk

război/pace

perang / damai

angka-angka

0

zero
nol

1

unu
satu

2

doi
dua

3

trei
tiga

4

patru
empat

5

cinci
lima

6

șase
enam

7

șapte
tujuh

8

opt
delapan

9

nouă
sembilan

10

zece
sepuluh

11

unsprezece
sebelas

12

douăsprezece

duabelas

13

treisprezece

tigabelas

14

paisprezece

empatbelas

15

cincisprezece

limabelas

16

șaisprezece

enambelas

17

șaptesprezece

tujuhbelas

18

optsprezece

delapanbelas

19

nouăsprezece

sembilanbelas

20

douăzeci

duapuluh

100

o sută

seratus

1.000

o mie

seribu

1.000.000

un milion

juta

engleză

Inggris

engleză americană

bahasa Inggris Amerika

chineza mandarină

bahasa Cina Mandarin

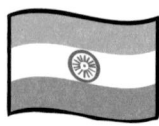

hindi

bahasa Hindi

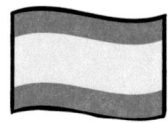

spaniolă

bahasa Spanyol

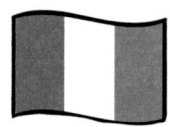

franceză

bahasa Perancis

arabă

bahasa Arab

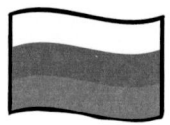

rusă

bahasa Rusia

protugheză

bahasa Portugis

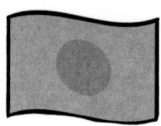

bengaleză

bahasa Bengal

germană

bahasa Jerman

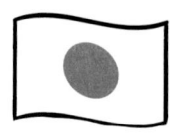

japoneză

bahasa Jepang

eu

saya

tu

kamu

el/ea

dia

noi

kita

voi

kalian

ea

mereka

cine?

siapa?

ce?

apa?

cum?

begaimana?

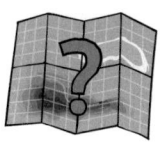

unde?

dimana?

când?

kapan?

nume

nama

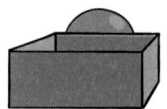

în spate

dibelakang

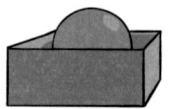

în

di

înainte

didepan

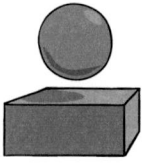

peste

diatas

pe

diatas

sub

dibawah

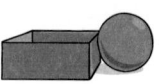

lângă

sebelah

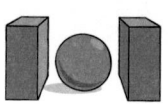

între

di antara

loc

tempat